여기는 취재 현장!

도미니카공화국에서
여섯 쌍둥이 태어나

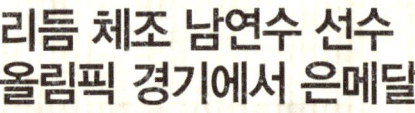

리듬 체조 남연수 선수
올림픽 경기에서 은메달

2030년 우리 로켓으로 화성 탐사 도전

투표 시간을 밤 10시까지,
국회 본회의에 법안 올라

강원도에 철 이른 소나기눈,
출근길 시민들 발 동동

학생들이 낸 문제로
시험 치르는 초등학교

지구 마을에는 칠십억 명이 넘는 사람들이 살고 있어.
이곳에서는 날마다 많고 많은 일들이 일어나지.
그 가운데 어떤 일은 신문이나 텔레비전, 인터넷 뉴스에 실려서
세상에 널리 알려져.

일과 사람
18 기자

여기는 취재 현장!

신옥희 쓰고 차재옥 그림

사계절

사람들이 잠들어 있는 새벽 5시.
띠리링, 전화벨 소리에 눈을 번쩍 떴어.
나는 전화가 오면 언제라도 받아.
칠 년 전에 기자가 되고 나서부터 생긴 버릇이야.
사건이 났다고 알려 주는 전화일 수도 있으니까 꼭 받아.
아, 지금은 김초롱 기자한테 온 전화야.

김초롱은 기자가 된 지 두 달 된 새내기야. 요즘은 새벽마다 나한테 전화를 해서, 밤새 취재한 걸 보고해. 나한테 취재하는 법, 기사 쓰는 법을 배우고 있지.

나도 새내기 기자 때 선배 기자한테 일을 배웠어.
김초롱 기자를 잘 가르쳐서 나처럼 멋진 기자가 되게 해야지, 험!

나는 우리 신문 말고 다른 신문도 여러 개 봐. 신문마다 무슨 기사를 어떻게 실었나 훑어봐.
중요한 소식인데 우리 신문에만 빠진 게 있는지도 살펴봐. 그랬다면 큰일이거든.

아침 8시. 여기는 강변 경찰서야.
기자가 왜 신문사가 아니라 경찰서로 출근하냐고?
나는 사건과 사고를 취재하는 사회부 기자야.
그 중에서도 경찰서 담당이지.
큰 사건과 사고는 대부분 경찰서로 모여.
그래서 기자도 기삿거리를 찾아 경찰서로 먼저 가는 거야.
나는 강변 구역 취재를 맡고 있어.

기자실에는 여러 신문사와 방송국 기자들이 나와 있어.
내 뒤에 앉은 수다쟁이 안 기자는 방송국에 다녀.
칠 년 전에 같이 기자가 된 데다 마음이 잘 맞아서 친구가 되었어.
친하기도 하지만 더 먼저, 더 정확하게 취재하려고 겨루기도 해.
9시 30분. 기자들이 회사에 아침 보고를 할 시간이야.
여기저기서 "타닥타닥타닥" 노트북 자판을 두드리는 소리가 들려.
안 기자는 느긋하네. 벌써 보고를 했나? 나는 마음이 바빠.

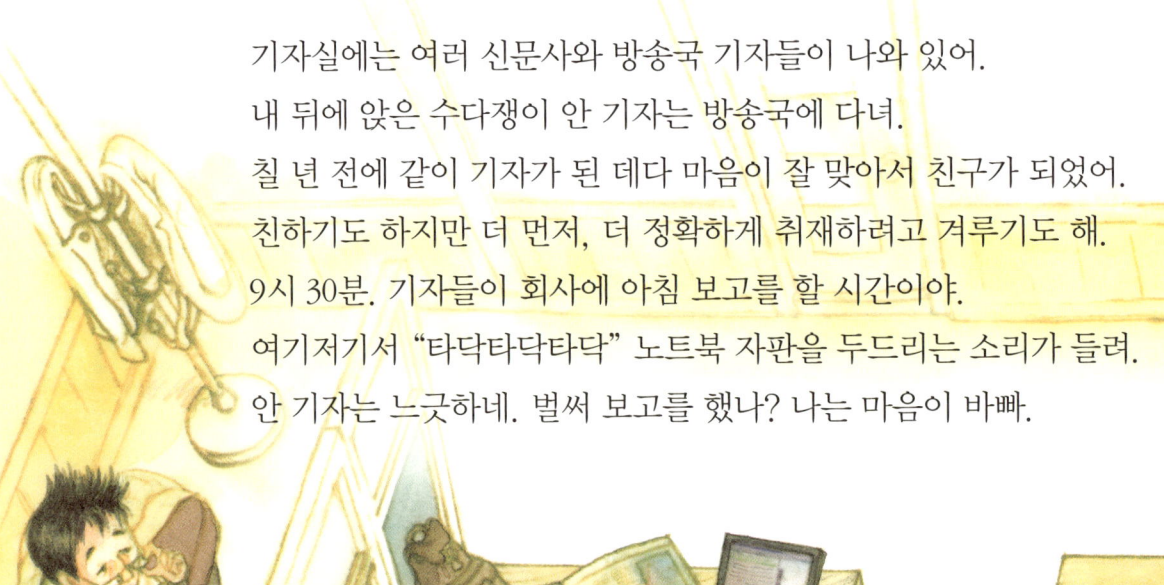

나는 강변 구역에서 일어난 사건과 사고 소식을 모았어. 그 가운데 사람들이 꼭 알아야 할 일, 우리 생활에 큰 영향을 끼칠 만한 일을 기삿거리로 골라. 오늘 크게 다룰 만한 소식은 핵 발전소를 반대하는 행사야. 몇 해 전에 일본에서 핵 발전소가 폭발했는데, 지금까지도 피해가 이어지고 있어.

10시. 기삿거리들을 팀장한테 다 보냈어.
회사에서 취재 지시가 올 때까지 한숨 돌려야지.
지금쯤 신문사 편집국 회의실은 정신이 없겠지.
편집국장과 여러 부서의 부장들이 모여서
편집 회의를 하고 있을 거야.
기자들이 보고한 기삿거리 가운데
어떤 기사를 실을지 정하는 회의야.
이 회의에서 올바로 정해야만,
사람들에게 꼭 필요한 소식을 전할 수 있어.
아무리 중요한 소식도 신문이나 방송에서
알리지 않으면 사람들이 알 수 없거든.

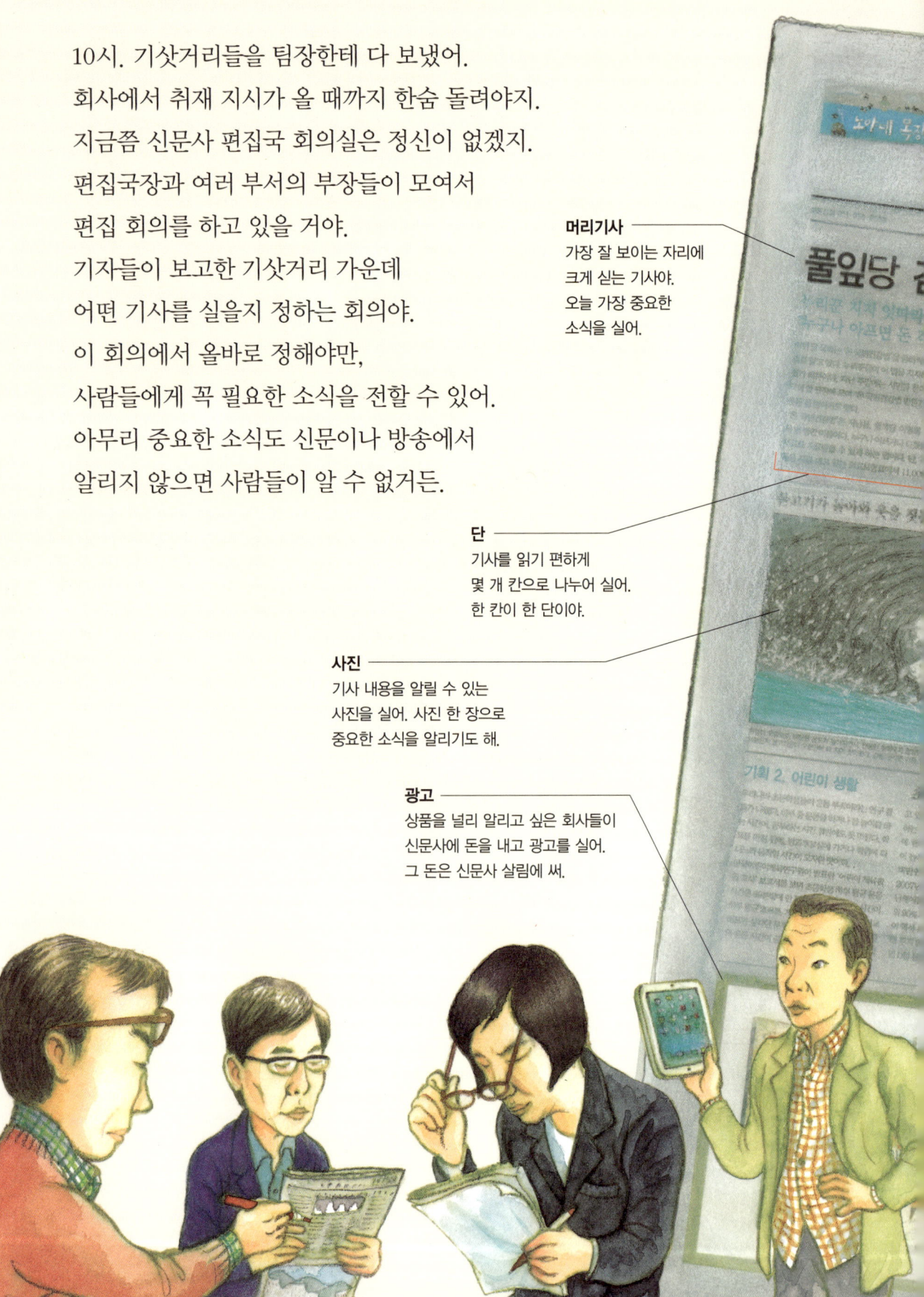

머리기사
가장 잘 보이는 자리에
크게 싣는 기사야.
오늘 가장 중요한
소식을 실어.

단
기사를 읽기 편하게
몇 개 칸으로 나누어 실어.
한 칸이 한 단이야.

사진
기사 내용을 알릴 수 있는
사진을 실어. 사진 한 장으로
중요한 소식을 알리기도 해.

광고
상품을 널리 알리고 싶은 회사들이
신문사에 돈을 내고 광고를 실어.
그 돈은 신문사 살림에 써.

신문은 여러 기자들이 함께 만들어

우리 신문사에는 기자만 이백 명이 넘어. 사회, 경제, 정치, 문화, 체육, 국제 같은 여러 부서로 나뉘어 일해. 세상은 넓고 사람들에게 알릴 이야기는 많거든. 그래서 기자들이 저마다 분야를 나누어서 취재하는 거야.

정치부 기자

나라의 법과 제도와 정책을 만들고 살림을 하는 일이 정치야. 그래서 정치부 기자는 대통령이 일하는 청와대부터 국무총리실, 국회에 가고, 정치인을 만나서 취재해. 선거철에는 얼굴 보기도 힘들 만큼 바쁜 정치부 김 기자.

사회부 기자

사회에서 일어나는 사건과 사고를 취재해. 눈에 보이는 사실만이 아니라 감추어진 진실까지 전하려고 오늘도 나는 뛰어.

문화부 기자

책, 영화, 연극, 전시와 공연, 여행, 음식에 관한 소식을 알리고, 자세하게 살펴서 기사를 써. 문화부 박 기자가 오늘은 어떤 재미있고 맛있는 기사를 썼을까?

경제부 기자

왜 마을 시장이 사라지고 대형 마트가 늘어나는 걸까? 월급은 안 오르는데 왜 학원비는 오르는 걸까? 경제부 정 기자가 쓴 기사를 보면 이런 문제를 속 시원히 알 수 있어.

체육부 기자
운동 경기를 취재하러 경기장에 가는 날이 많아. 운동 단체를 찾아가거나 선수들을 만나기도 해. 운동이라면 다 좋아하는 손 기자는 언제 봐도 싱글벙글. 체육부 기자가 딱 맞나 봐.

국제부 기자
나라 밖에서 일어나는 소식을 전해. 몇몇 나라에는 기자를 보내기도 하고, 전화나 전자우편으로 취재를 하기도 해. 통신사, 인터넷, 신문, 방송으로 늘상 국제 뉴스를 찾는 최 기자, 신문사에 앉아서도 지구 마을 소식을 훤히 꿰고 있지.

편집부 기자
모든 기사는 편집 기자 손에서 마무리돼. 기사가 들어갈 자리와 크기를 정하고, 내용에 알맞은 제목을 붙여. 필요하면 사진이나 표도 넣어. 제목 뽑느라 머리를 쥐어짜는 성 기자, 머리털은 뽑지 말라고!

교열부 기자
기사에서 잘못된 문장이나 글자를 바로잡아. 기사를 더 정확하고 읽기 쉽게 만들어. 우리 신문사의 족집게, 교열부 윤 기자.

사진부 기자
때로는 좋은 사진 한 장이 긴 글보다 더 많은 이야기를 전달할 수도 있어. 그 한 장을 건지려고 찍고, 찍고, 또 찍는 사진부 임 기자. 하루에 사진을 천 장도 넘게 찍는 날도 많대.

11시. 편집 회의가 끝났다고 팀장한테서 전화가 왔어.
내가 아침에 보고한 '핵은 이제 그만!' 행사를 신문에 크게 싣기로 했대.
좋았어! 날마다 취재를 하지만, 날마다 기사가
신문에 실리는 건 아니야. 오늘 잘해 보자고!
기자는 바삐 움직여야 할 때가 많아. 하루에도 몇 번씩 택시를 타.
언젠가는 새벽에 급히 취재하러 가는데, 택시가 도통 잡히지 않는 거야.
결국은 김장 배추 트럭을 얻어 탔어. 어찌나 고맙던지.
자, 출발! 택시 타고 가면서, 사람들한테 질문할 것 좀 정리해야지.

오늘 만나기로 한 사람들한테 전화해서 약속을 확인해. 노트북 컴퓨터를 켜고 박 기자가 보내 준 자료를 읽어.
휴대 전화, 노트북 컴퓨터, 기자 수첩, 이 세 가지는 기자랑 한 몸 같은 물건들이야.

기자 수첩에 적어 둔 자료를 보면서, 인터뷰할 사람들과 무슨 이야기를 할지 생각해.
이야기를 제대로 들으려면 질문을 잘해야 해. 수첩에 적어 놓은 질문을 다시 살펴봐야지.

취재 계획을 짜. 행사 취재랑 시민 인터뷰는 김초롱하고 나누어 해야겠어.
사진부 임 기자도 오고 있겠지?

낮 1시, 시민 광장이 북적북적해.
아이들 손을 잡고 온 사람들도 많아.
일본 핵 발전소 폭발 사고가 난 뒤로 사람들
관심이 무척 높아졌구나! 무대에서는 공연이
시작되고, 천막들마다 재미난 전시를 펼쳤어.
다른 신문사와 방송국 기자들도 많이 나왔네.
우리도 어서 부지런히 다니며 취재를 해야지!

김초롱 기자도 광장을 돌아다니며 사람들을 만나고 있어.
오늘 행사에 온 사람들 이야기를 열심히 듣고 적어.
말한 사람의 이름, 나이, 사는 곳을 묻고 적는 것은 기본이야.
기사를 쓸 때는 누가 한 말인지 꼭 밝혀야 해.

(미치코 마리에, 9세, 후쿠시마)

(조홍일, 17세, 인천)

(김민지, 37세, 안양)

(의정부 어린이환경지킴이 회원들)

(야마다 준이치, 49세, 오사카)

(신바람, 가수, 29세)

(박우성, 69세, 서울)

아이고, 바쁘다. 일본에서 온 어린이와 엄마를 만나고 왔어.
지진과 핵 발전소 폭발을 겪으면서 얼마나 무서웠을까?
핵 발전소가 얼마나 위험한지 알리고 싶어서 여기까지 왔대.
이제 독일에서 온 환경 운동가 한나 박사를 인터뷰해.
독일은 핵 발전소를 차츰 없애기로 결정한 나라야.
독일 이야기를 자세히 들어 보려고 해.
일본과 같은 피해를 겪지 않으려면 어떻게 해야 하는지
답을 얻을 수 있을까?

벌써 3시 40분.
나는 광장 한쪽 구석에
노트북을 켜고 앉았어.
무슨 일이 있어도 5시까지
기사를 써서 신문사에
보내야 하거든.

기자는 취재 현장, 병원, 경찰서 어디서든 기사를 써.
급할 때는 길바닥에 앉아서 쓸 때도 있어.
자, 어서 써야지. 집중, 집중, 집중!
사람들은 핵 발전소에 관한 우리 정부 정책을 자세히 알고 싶어 해.
나는 한나 박사 인터뷰와 일본이 사고 뒤에 보여 준 모습을
덧붙여서 기사를 쓸 거야. 김초롱 기자한테는 행사 소개와
시민 인터뷰 기사를 써 보라고 했어.

기사 쓸 때 이것만은 꼭 지켜 줘!

1 보고 들은 사실을 써야 해. 거짓을 쓰거나 지어내서 쓰면 안 돼.
2 누가, 언제, 어디서, 왜, 무엇을, 어떻게 했는지 모두 드러나게 써야 해.
3 정해진 양만큼 써야 해.
4 꼭 마감 시간 안에 써야 해. 늦게 쓰면 신문에 못 나가!
5 짧고, 쉽고, 정확하게 써야 해.

4시 30분. 아자자, 다 썼다!
신문사 통신망에 기사를 올리고,
시원하게 기지개를 켜는데 전화가 와.
"동물원에서 아기 말레이곰이 탈출했다고요?"
사건이 터졌어!
이런 사건은 사실을 확인해서 재빨리
기사를 써야 해. 깊이 조사하는 것보다
사람들한테 빨리 알리는 게 더 중요하거든.
자, 이제는 부리나케 동물원으로!

사회부 기자 이런 일 저런 일

내 생일상 받다가 가스 폭발 사고 전화를 받고 바로 뛰쳐나간 적도 있어. 사건, 사고는 때를 가리지 않고 일어나니까.

취재에 필요하면 쓰레기통도 뒤지는 게 기자! 어떤 사기꾼이 전화 통화 하면서 끄적인 종이쪽지를 찾아낸 적도 있어.

폭력배를 취재할 때는 좀 떨리더라고. 그래도 어떡해. 안 그런 척 캐묻고 취재했지.

취재하려고 며칠 동안 남의 집 앞에서 밤새 기다리기도 해. 그러다가 도둑으로 몰릴 뻔한 적도 있어.

처음 기자가 되었을 때는 사람들한테 말 걸기가 너무 어려웠어. 식은땀깨나 흘렸지. 이제는 처음 만난 사람한테도 꼬치꼬치 물어서, 도망가는 사람도 있어. 김초롱 기자는 소개팅에 나가서 내내 혼자 질문만 하고 왔다나!

동물원 앞은 벌써 기자들로 북새통이야.
헬기가 떠 있고 119 구조대랑 방송국 중계차도 와 있어.
나도 서둘러 취재를 시작해. 말레이곰은 지금 어디 있을까?
일주일 동안 아무것도 먹지 않았다는데, 왜 그랬을까?
시민들이 위험하지는 않을까? 대책은 세웠나?
동물원 관리소장이 기자 회견을 했지만, 시원한 대답을 듣지 못했어.

기사를 짧게 써서 얼른 신문사로 보내. 모모 방송국 신 기자는 카메라 앞에서 보도하고 있네.
중계차에 방송 기계가 들어 있어서 텔레비전 뉴스로 바로 내보낼 수 있어.

말레이곰이 살던 우리를 둘러보았어. 혼자 남은 말레이곰이 같은 자리를 자꾸 왔다 갔다 하네. 불안해 보여.
왜 그러는 걸까? 가만, 더운 곳에서 사는 말레이곰한테는 여기 날씨가 춥지 않을까?

북극곰 우리와 코끼리 우리도 둘러보았어. 어, 북극곰 흰 털에 퍼렇게 묻은 게 뭐지? 병에 걸린 걸까?
그러고 보니 더운 지방에 사는 동물과 추운 지방 동물이 한곳에 갇혀 있네.

5시 30분. 신문사 편집국이 정신없이 바빠지는 시간이야.
취재 기자들이 쓴 기사가 쏟아져 들어왔거든.
나는 밖에서 일하다가 퇴근할 때가 많은데,
오늘은 저녁에 회의가 있어서 신문사로 왔어.
김초롱 기자가 쓴 기사도 봐주고, 회의 준비도
마저 해야지. 동물원에 사는 동물들 문제를
다루어 보고 싶어. 자료 좀 찾아볼까?

기사가 신문에 나오기까지

취재하는 것 못지않게 중요한 것이 편집이야. 같은 기사도 제목을 어떻게 다는지, 어떤 자리에 두는지, 사진이 있는지, 제목이 큰지 작은지에 따라 다르게 보이거든.

❶ 취재 기자가 기사를 써서 신문사 통신망에 올려.

❷ 부서의 팀장과 부장이 기사를 읽고 확인해. 잘못된 내용이 있으면 고치게 해.

❸ 편집국장, 사진부장, 편집부장 들이 모여서 1면에 실을 사진을 함께 골라. 신문의 얼굴이니 신중하게 골라야 해.

❹ 교열 기자가 잘못된 문장을 바로잡고 틀린 글자를 고쳐.

❺ 편집 기자는 기사가 들어갈 자리를 잡아.
중요한 기사를 잘 보이게 해.
제목은 한눈에 쏙 들어오게!

❻ 디자이너가 편집 기자랑 함께
의논하면서 신문을 보기 좋게 만들어.
기사에 들어가는 그림이나 표도 만들어.

❼ 저녁 6시, 기사를 앉히고 사진을 넣어
신문 모양으로 인쇄했어!
이것은 편집국 기자들만 봐.
이걸 서너 번 고치고 다듬어.
새벽 한 시쯤에야 독자들이 내일 볼
첫 신문이 인쇄되어 나와.

❽ 내 기사 옆에, 김초롱 기자가 쓴 기사가 실렸어.
아까 '핵은 이제 그만!' 행사에 온 사람들을 취재한 기사야.
내 이름이 신문에 처음 실린 날이 떠올라. 정말 기뻤지.

저녁 7시. 기획 회의를 시작했어.
갑자기 일어나는 사건 취재 말고, 깊이 파헤쳐서
자세히 알리고 싶은 소식을 함께 정하는 회의야.
기자마다 어떤 기사를 쓰고 싶은지 의견을 내.
제대로 준비하지 않으면 망신만 당하지.
사람들한테 꼭 알려야 하는 기사인지
검토하느라 오가는 질문이 꽤 날카롭거든.
오늘은 내가 쓰고 싶은 기삿거리에
다들 관심을 보여 주네!

저녁 8시 30분. 바쁜 하루가 저물었어!
오늘도 세상에는 많은 일이 일어났지.
그리고 수많은 기사가 쏟아져 나왔어.
숨겨졌던 사실이 드러나고, 감동스러운 일들이
알려졌지. 눈을 크게 뜨고, 귀를 활짝 열고
취재한 우리 기자들이 있기 때문이야.

"안전한 핵은 없어요"
후쿠시마 폭발 사고 같은 불행, 다시 없기를

서울 도심 한복판에서 시민 3만 명이 모인 대규모 탈핵 집회가 열렸다. '푸른지구사랑연합회'는 28일 오후, 시청 앞 시민 광장에서 문화 행사 '핵은 이제 그만!'을 열어 핵 발전의 위험을 알리고 정부에 탈핵을 촉구했다. 2011년 3월 일본 후쿠시마의 핵 발전소 폭발 사고 뒤로 핵 발전을 반대하는 여론이 높은 가운데, 행사장은 100개가 넘는 시민 단체와 남녀노소 시민들로 발 디딜 틈 없이 꽉 찼다. 특히 핵 발전소와 송전탑 문제로 민감한 지역인 밀양, 삼척, 영덕 주민들도 먼 길을 마다않고 참석했다. 밀양에서 온 김수돌(79) 씨는 "우리 마을을 그대로 놔두었으면 좋겠다. 우리 마을에 송전탑을 세우는 것을 반대한다"고 목소리를 높였다.

무대에서는 갖가지 노래와 춤 공연이 펼쳐지고, 사람들의 발언이 이어졌다. 특히 시민들이 응원을 많이 보낸 사람은 후쿠시마에서 온 어린이 미치코 마리(10)였다. 미치코는 마을에서 핵 발전소가 폭발하는 바람에 다른 도시로 피난을 갔다. 한국 어린이들이 이런 일을 당하지 않았으면 좋겠다는 바람으로 이곳을 찾았다고 한다. 미치코는 "핵 발전소가 폭발해서 방사능을 뒤집어썼어요. 내가 다시 건강해질 수 있을까요? 다시 고향으로 돌아가 친구들을 만나고 싶어요. 폭발 사고 나기 전으로 되돌아가고 싶지만, 그럴 수 없다는 걸 알아요" 하고 말했다.

광장 둘레로는 환경 단체나 시민들이 천막을 설치하여 다채로운 문화 행사를 벌였다. 특히 어린이, 청소년들의 적극적인 참여가 눈에 띄었다. 의정부의 어린이환경지킴이 회원들은 여러 체험 행사에 참여하며 즐거워하면서도, 후쿠시마 같은 폭발 사고가 날까봐 두렵다고 했다. 환경운동단체 '녹색지구' 회원이라는 고등학생 조홍일(17) 군은 자전거를 돌려서 전기를 만드는 체험장을 준비했다. 조홍일 군은 "후쿠시마 폭발 사고 이후 충격을 받았다. 그 뒤 자료를 찾아봤다. 우리 정부는 핵 발전소를 없애기는커녕 늘리고 있다는데 납득이 가지 않는다"고 말했다.

화가와 가수, 시인들도 많이 참여하였다. 김모애 작가는 '핵은 총칼보다 위험한 무기'라는 주제로 여러 시민 참여 미술을 선보였다. 길거리 가수 신바람 씨는 "핵 없는 세상에서 안전하고 평화롭고 살고 싶어서 나왔다"고 밝혔다.

유모차에 아이를 태우고 나온 김민지(37) 씨는 "아이들한테 위험한 세상을 물려주면 안 된다. 아이들이 살 미래를 지켜 주고 싶다"고 말했다. 박우성(69) 씨는 "핵 발전소가 위험하다고도 하고, 안전하다고도 하는데, 진실이 무엇인지 궁금해서 나왔다"고 말했다.

행사는 5시에 마무리됐으며, 참석자들은 행사장을 깨끗이 치우는 등 성숙한 시민 의식을 보여주었다.

이기찬 kclee@sakyejul.com, 김초롱 기자

핵 없는 세상을 촉구하는 어린이환경지킴이 회원들   사진 ©임성원 기자

햇빛과 바람으로 에너지 만든다
독일 에너지 산업 전문가, 한나 슈나이더 박사

한나 슈나이더 박사(환경 운동가, 아헨 대학 신재생에너지연구소 상임 연구원)는 전 세계 에너지 문제 해결에 앞장서고 있는 전문가다. 이번 '핵은 이제 그만' 행사에 초대되어 한국을 방문했다.

슈나이더 박사는 "한국 정부는 세계 에너지 정책과 반대로 가고 있다. 한국처럼 기술이 발달한 나라에서 핵 발전소를 멈추지 않는 것을 이해할 수 없다"고 말했다. 또 한국 정부가 독일 사례에서 답을 찾아야 한다고 없애야 한다는 요구를 더 거세게 펼쳤다. 그리고 핵을 없애겠다고 약속한 정당에 표를 주었다.

슈나이더 박사는 독일 국민들이 현명했다고 말했다. "핵 발전소는 지구를 망가뜨릴 만큼 위험하기 때문이다. 또 핵 발전소는 유지하는 돈이 많이 든다. 핵 발전소를 멈추어도 폐기물을 어떻게 처리하면 좋을지 아직 대책이 없다."

이런 움직임은 독일뿐만이 아니라 실제로 전기를 만들어 내면 이런 문제를 해결할 수 있다. 자연 에너지로 에너지를 만드는 일은 돈도 적게 들고 위험성이 낮다. 지역이나 마을에서 필요한 만큼만 만들어 낼 수 있고, 큰 발전소가 아니라 작은 크기로도 만들 수 있어서 낭비가 적다.

"재생 에너지 기술이 이미 많이 발전했다. 실제로 독일에서는 얼마 전에 태양 에너지로 하루 필요한 에너지의 절반을 만들어 내는 데 성공했다"는 슈나이더 박사의 말은 독일

세상에 무슨 일이 일어나는지
정확히 아는 것은 무척 중요해.
그래야 자기 의견을 똑바로 가질 수 있어.

사람들이 꼭 알아야 하는 이야기를 찾아 전하는 일!
그게 기자인 내가 하는 일이야.
자, 오늘은 어떤 이야기가 나를 기다리고 있을까?

뉴스를 알려 드립니다!

기술이 발달하면서 뉴스를 전하는 방법도 여러 가지로 발달했어. 신문, 잡지, 라디오, 텔레비전, 인터넷을 통해서 세상에서 일어나는 갖가지 소식을 알 수 있지. 신문이나 잡지를 들고 다니면서 기사를 읽을 수도 있고, 일하면서 라디오로 뉴스를 들을 수도 있어. 언제 어디서나 세상 소식을 알고, 세상과 이어질 수 있는 거야.

신문

여러 소식을 두루 다루는 종합 신문이 있고, 경제, 환경, 노동, 스포츠같이 한 분야를 깊이 다루는 신문이 있어. 나이, 성, 직업, 지역에 따라 어린이 신문, 여성 신문, 업계 신문, 지역 신문도 있어. '사계절신문'은 날마다 나오는 종합 신문이야. 죽 훑어보기만 해도 그날 중요한 소식들을 알 수 있어.

잡지

보통 일주일이나 한 달에 한 번 나오는 책이야. 읽는 사람과 주제에 따라 여러 가지 읽을거리를 실어. 어린이, 만화, 여성, 정치, 경제, 영화, 게임, 스포츠, 종교, 요리 잡지 들이 있지. 신문이나 방송만큼 재빠르게 새 소식을 알리는 건 아니야. 사람들이 관심 갖는 것, 궁금해하는 것, 알아야 할 것을 깊고 폭넓게 알려 주는 기사가 많아.

인터넷 신문

인터넷은 전 세계가 컴퓨터로 연결되어 정보를 나누는 통신망이야. 인터넷으로 연결된 컴퓨터나 휴대 전화 같은 기기를 통해 뉴스를 전해. 종이에 찍어 내는 시간이 들지 않아서, 아주 빨리 소식을 알릴 수 있어. 사람들도 어디서나 곧바로 기사를 읽을 수 있어. 사람들은 기사를 읽고 바로바로 덧글로 의견을 밝히기도 해. 사람들이 어떻게 생각하는지 금방 알 수 있어.

방송 뉴스

텔레비전은 영상과 소리로, 라디오는 소리로 소식을 전해. 신문이나 잡지보다 빠르고 생생하게 소식을 전할 수 있어. 텔레비전 방송 기자는 취재할 때 카메라 기자와 함께 가서 영상을 찍어. 취재가 끝나면 기사를 써서 자기 목소리로 녹음해. 녹음과 영상을 합쳐서 텔레비전 뉴스로 내보내는 거야. 방송 뉴스에는 뉴스를 진행하는 앵커나 아나운서가 따로 있어.

시민 기자도 있어!

인터넷이 발달하면서 누구나 글을 써서 올리고 알릴 수 있게 됐어. 신문사나 방송국에서 일하는 기자가 아니더라도 혼자 자유롭게 취재해서 개인 블로그에 영상과 사진, 글을 올리고 뉴스를 전할 수 있지. 신문이나 방송에서 다루지 못한 소식을 사람들한테 알릴 수 있어. 하지만 정확하지 않은 사실을 퍼트릴 위험도 있어.

진실을 알리는 일, 왜 중요할까?

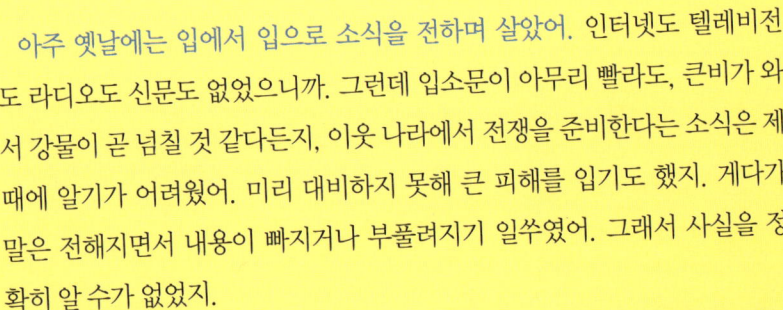

아주 옛날에는 입에서 입으로 소식을 전하며 살았어. 인터넷도 텔레비전도 라디오도 신문도 없었으니까. 그런데 입소문이 아무리 빨라도, 큰비가 와서 강물이 곧 넘칠 것 같다든지, 이웃 나라에서 전쟁을 준비한다는 소식은 제때에 알기가 어려웠어. 미리 대비하지 못해 큰 피해를 입기도 했지. 게다가 말은 전해지면서 내용이 빠지거나 부풀려지기 일쑤였어. 그래서 사실을 정확히 알 수가 없었지.

나라에서도 관리와 백성들에게 소식을 제때에 알리지 못해 어려움을 겪었어. 그래서 1883년에 나라에서 첫 신문을 만들었지. 열흘에 한 번씩 펴낸 〈한성순보〉야. 하지만 한자로 쓰여 있어서 한자를 모르는 백성들은 읽을 수가 없었어.

1896년에 한글로 쓴 〈독립신문〉이 나왔어. 여러 사람들이 힘을 모아 만든 이 신문은 신문을 펴내는 뜻을 이렇게 밝혔어. "온 백성들의 뜻을 대신 알리고, 정부가 하는 일을 백성에게 전하고 백성의 형편을 정부에 알릴 것이며, 나쁜 벼슬아치를 고발하겠다."고 말이야. 신문이 할 일을 잘 보여 준 신문이지. 이 신문을 기려서, 처음 펴낸 날인 4월 7일을 '신문의 날'로 정했어. 그 뒤로 많은 신문들이 나오게 되었고, 라디오와 텔레비전 같은 방송에 이어 인터넷 뉴스까지 보는 시대가 되었어. 이제 우리는 기사와 뉴스를 보고 무슨 일이 왜 일어났는지, 그 일이 나와 어떤 관계가 있는지 알 수 있어. 그래서 나쁜 일은 힘을 합쳐 막고, 억울한 일은 서로 도울 수 있게 되었어.

우리나라 첫 한글 신문인 〈독립신문〉

그런데 세상에는 신문이나 방송을 통해 진실이 알려지는 걸 두려워하는 사람들이 있어. 일본이 우리나라를 강제로 지배하던 때가 있었어. 일본이 총칼을 앞세워 우리나라를 빼앗고 사람들을 괴롭힌다는 기사가 신문에 실렸어. 신문을 본 사람들 사이에서 일본 군대를 쫓아내야 한다는 생각이 널리 퍼졌지. 그러자 조선 총독부는 신문에 기사를 싣지 못하게 하거나 아예 신문사를 없애기도 했어. 일본이 물러간 뒤에도 그런 일은 이어졌어. 나라를 제 마음대로 하려는 정치인이나, 사람들을 속여서 돈을 벌려고 하는 기업인, 그리고 제 욕심만 채우려는 사람들은 늘 있거든. 이 사람들은 기자들이 취재하는 걸 막고 협박을 하기도 해. 기자들은 맞서 싸우다가 신문사에서 쫓겨나거나 몸을 다치거나 때로는 감옥에 갇히기도 했어.

기자들은 왜 소중한 제 몸으로 맞서면서까지 진실을 알리려고 할까? 우리가 세상에 일어나는 일을 다 보고 겪을 수 없잖아. 그래서 사람들은 기자가 전해 주는 대로 세상을 봐. 신문 기사나 방송 뉴스는, 사람들이 세상을 보는 창문과 같아. 파란 창으로 보면 파랗게 보이고, 빨간 창으로 보면 빨갛게 보이게 하는 창. 진실이 환하게 드러난 맑은 창이어야 세상을 정확하게 볼 수 있겠지? 정확하게 보아야 올바른 판단을 할 수 있어. 거짓으로 더러워진 창으로 세상을 보면 잘못된 판단을 하게 돼.

우리나라 헌법에 "모든 국민은 언론의 자유를 가진다."고 쓰여 있어. 누구나 생각하고 말하고 판단할 자유, 진실을 알고, 그것을 알릴 자유가 있다는 뜻이야. 그 자유를 지키는 일을 하는 사람이 기자야. 그런 기자를 지키는 사람이, 독자인 우리들이지. 진실을 가려볼 줄 아는 독자가 많아야, 좋은 세상을 만들 수 있어. 여럿이 함께 행복하게 사는 세상 말이야.

작가의 말

좋은 기자들이 많아지면 좋겠어!

째깍, 째깍, 째깍. 시곗바늘이 오후 다섯 시를 향해 갈수록 기자들은 말이 없어졌어. 기사 마감 시간이 다가오고 있기 때문이지. 기자들은 컴퓨터 앞에서 열심히 자판을 두드렸어. 그 모습이 우리 집 꼬마가 문제지를 앞에 두고 긴장하면서 풀던 모습과 꼭 닮았더라고. 머리끝이 쭈뼛 서고 가슴이 쿵쿵 뛰지만, 내가 아니면 끝낼 수 없는 숙제와 맞닥뜨린 느낌, 어린이들도 알지? 기자들은 날마다 이런 마감을 치르더라.

어릴 적 나는 하고 싶은 게 많았어. 화가, 경찰, 그리고 기자가 되고 싶었지. 지금은 그림 그리는 화가가 되었지만, 가끔 혼자 상상해 보고는 했어. 내가 기자가 됐다면 어땠을까?

그런데 내가 기자에 관한 책 그림을 맡게 된 거야. 무척 설레고 기뻤어. 기자를 취재한다고 생각하니, 나도 기자가 된 기분이 들었어. 신문에서 이름으로만 알던 기자를 눈앞에서 만나기도 했어. 꼭 연예인을 본 듯 신기했지.

나는 여러 기자들을 만났어. 특히 사회부 기자들을 많이 만났지. 기자들을 따라 신문사와 방송국, 경찰서, 소방서, 국회에도 갔고, 시내 곳곳을 누볐어. 그런데 기자를 쫓아다녀 보니, 내가 생각했던 것같이 멋지기만 한 일이 아니었어. 새벽부터 밤까지 사건을 찾아다니고, 낯선 사람들을 인터뷰하고, 땅바닥에 앉아서 기사를 써서 보내고, 신문사로 돌아와서 또 다른 기사를 준비하더라고. 동료 기자들과 회의는 또 얼마나 많은지 몰라. 그러다가

도 사건이 터지면 득달같이 현장으로 달려 나가. 정말 고된 일이지 뭐야!

몸뿐만 아니라 머리까지 고되더라고. 취재하고 기사를 쓰면서 늘 고민을 한대. 사람들이 꼭 알아야 하는 사건을 빠뜨린 건 아닐까, 중요하지도 않은 걸 부풀려서 전하는 건 아닐까 스스로에게 묻는대. 내가 쓴 기사가 사실을 전하는 것인가, 공정한 기사인가 따지고 생각한다는 거야.

이렇게 고민하는 기자를 보고 '기자 정신'이 무언지 알았어. 세상에는 사람들이 모르거나 잘못 알고 있는 사실이 많다고 해. 이런 세상에서 정확한 사실과 올바른 진실을 알리는 것이 바로 기자 정신이야.

취재를 거듭할수록, 나는 좋은 기자들이 많아지는 게 중요하다고 생각했어. 그러면 우리가 사는 세상이 거짓이나 속임수보다는 참말과 참뜻이 통하는 세상이 될 수 있을 거야. 목소리가 크고 힘이 센 사람뿐 아니라, 가진 것 없고 힘이 약한 사람들 이야기도 널리 전할 수 있겠지. 기자가 하는 일은 정말 소중한 가치를 가진 일이구나 깨닫게 되었어.

아! 어느새 나도 마감 시간이 가까워지네. 우리 책을 만드는 편집자한테 얼른 원고를 보내야 해. 이 원고는 편집자와 디자이너 손을 거쳐 인쇄소로 가겠지. 곧 책이 되어 어린이들을 만날 거야. 이 책도 좋은 세상을 만드는 데 힘이 되는 이야기를 전할 수 있다면 좋겠어.

그린이 차재옥

글 신옥희
이십 년 넘게 편집자로 어린이와 부모, 교사를 위한 다양한 책을 만들었습니다. 어린이 잡지를 창간하여,
등수와 경쟁에 쫓기는 어린이들에게 자연과 놀이를 되찾아 주고자 하였습니다. 또한 어린이들에게 이웃들이
일을 통해 서로 도움을 주고받으며 사는 모습을 담은 책을 주고 싶어, 〈일과 사람〉 시리즈를 처음에 함께 기획했고,
『버스 왔어요!』에 글을 썼습니다. 요즘은 농부 학교에 다니면서 농사일을 배우고 있습니다. 스스로 농사지어
밥상을 차리고, 손수 옷을 만들어 입고, 작은 집을 짓고, 꽃밭을 가꾸고, 나무를 심으며, 자연의 품에서
순하게 살다가 자연으로 돌아가는 삶을 꿈꾸고 있습니다.

그림 차재옥
대학에서 사회과학을 전공하고, 그림이 좋아서 홍대 산업미술대학원에서 디자인을 공부했습니다. 그림과
이야기가 어우러진 책에 새롭게 눈을 떠 한국일러스트레이션학교에서 그림책을 더 공부했습니다. 요가와 산책을
좋아하고 사람들과 이야기하기를 좋아합니다. 사람들이 왁자지껄 살아가는 모습을 그리고 싶습니다.
그린 책으로는 『세종:조선을 설계한 문화의 연금술사』, 『화랑이 되고 싶었던 신라 소년 한림』,
『한국생활사박물관』들이 있습니다.

도와주신 분 윤민용(전 경향신문 기자), 박현정(한겨레21 기자), 김세정(KBS 기자), 박래용(경향신문 정치부장),
　　　　　　권은중(한겨레신문 기자), 이상호(MBC 해직 기자)

일과 사람 18 기자
여기는 취재 현장!

2013년 12월 26일 1판 1쇄
2025년 8월 19일 1판 9쇄

ⓒ신옥희, 차재옥, 곰곰 2013

글 : 신옥희 | 그림 : 차재옥 | 기획·편집 : 곰곰_전미경, 안지혜, 심상진 | 디자인 : 권석연, 남경민 | 제작 : 박홍기
마케팅 : 이장열, 김지원 | 홍보 : 조민희 | 출력 : 한국커뮤니케이션 | 인쇄 : 코리아 피앤피 | 제책 : 책다움
펴낸이 : 강맑실 | 펴낸곳 : (주)사계절출판사 | 등록 : 제406-2003-034호
주소 : (우)10881 경기도 파주시 회동길 252
전화 : 031)955-8588, 8358 | 전송 : 마케팅부 031)955-8595 편집부 031)955-8596
홈페이지 : www.sakyejul.net | 전자우편 : picturebook@sakyejul.com
블로그 : blog.naver.com/skjmail | 페이스북 : facebook.com/sakyejulpicture
트위터 : twitter.com/sakyejul | 인스타그램 : sakyejul_picturebook

값은 뒤표지에 적혀 있습니다. 잘못 만든 책은 구입하신 서점에서 바꾸어 드립니다.
사계절출판사는 성장의 의미를 생각합니다. 사계절출판사는 독자 여러분의 의견에 늘 귀 기울이고 있습니다.
이 책은 저작권법에 따라 보호받는 저작물이므로 무단전재와 복제를 금합니다.

ISBN 978-89-5828-714-8 74370 ISBN 978-89-5828-463-5 74370(세트)